Goldene Worte
zum Geburtstag

 johannis

Textauswahl: Ruth Huber

Die Deutsche Bibliothek –
CIP-Einheitsaufnahme

Goldene Worte zum Geburtstag. – Lahr :
Johannis, 2001
    (Goldene Worte ; Nr. 03501)
    ISBN 3-501-04501-8

Goldene Worte 03501
© 2001 by Verlag der St.-Johannis-Druckerei,
Lahr/Schwarzwald
© der Bibeltexte: Deutsche Bibelgesellschaft
Umschlagfoto: U. Schneiders
Gesamtherstellung:
St.-Johannis-Druckerei, Lahr/Schwarzwald
Printed in Germany 14782/2001

*D*ies ist der Tag, den der Herr macht; lasst uns freuen und fröhlich an ihm sein.

Du bist mein Gott und ich danke dir; mein Gott, ich will dich preisen. Danket dem Herrn; denn er ist freundlich, und seine Güte währet ewiglich.

Psalm 118,24.28.29

Danke, Herr, dass du heute bei mir bist ...
... am Morgen

Mein erst Gefühl sei Preis und
 Dank,
Erheb ihn, meine Seele!
Der Herr hört deinen Lobgesang,
Lobsing ihm, meine Seele!

Du bist es, Herr und Gott der Welt,
Und dein ist unser Leben;
Du bist es, der es uns erhält
Und mir's jetzt neu gegeben.

Christian Fürchtegott Gellert

Grüßen wir jeden neuen Tag mit Freude und Hoffnung, denn er ist ein Geschenk der Güte Gottes.

Franz von Sales

Gib jedem Tag die Chance, der schönste deines Lebens zu werden.

Mark Twain

Der Gerechten Pfad glänzt wie das Licht am Morgen, das immer heller leuchtet bis zum vollen Tag.

Sprüche 4,18

Herr, lass mich am Morgen hören deine Gnade; denn ich hoffe auf dich. Tu mir kund den Weg, den ich gehen soll; denn mich verlangt nach dir.

Psalm 143,8

*I*n ihm sei's begonnen
Der Monde und Sonnen
An blauen Gezelten
Des Himmels bewegt!
Du, Vater, du rate,
Lenk du und wende!
Herr, dir in die Hände
Sei Anfang und Ende,
Sei alles gelegt.

Eduard Mörike

Von Gottes Güte kommt es, dass wir noch leben. Sein Erbarmen ist noch nicht zu Ende, seine Liebe ist jeden Morgen neu und seine Treue unfassbar groß.

Klagelieder 3,22 (GN)

Öffne dein Herz weit, um zu empfangen, was Gott gibt! Du wirst weit mehr als genug Gelegenheit haben, das Empfangene wieder weiterzugeben. Empfange noch, ehe du geben musst! Lebe von dem, was Gott gibt!

Charles de Foucauld

Führe mich, o Herr, und leite
Meinen Gang nach deinem Wort;
Sei und bleibe du auch heute
Mein Beschützer und mein Hort.
Nirgends als von dir allein
Kann ich recht bewahret sein.

Heinrich Albert

So gewiss der Nacht ein Morgen folgt, so gewiss zu seiner Zeit der Regen fällt, der das ausgedörrte Land durchfeuchtet, so gewiss kommt der Herr, um uns zu helfen!

Hosea 6,3 (GN)

Wer den Tag mit Lachen beginnt,
hat ihn bereits gewonnen.

Tschechisches Sprichwort

Lachen und Lächeln sind Tor
und Pforte, durch die viel Gutes in
den Menschen hineinhuschen kann.

Christian Morgenstern

*D*as sei der erste Morgenklang:
Von Herzensgrund ein tiefer Dank
Zu Lobe dem, der an uns denkt
Und Tag um Tag uns Leben schenkt!

Käte Walter

Martin Luthers Morgensegen

Das walte Gott Vater, Sohn und Heiliger Geist! Amen.
Ich danke dir, mein himmlischer Vater, durch Jesus Christus, deinen lieben Sohn, dass du mich diese Nacht vor allem Schaden und Gefahr behütet hast, und bitte dich, du wollest mich diesen Tag auch behüten vor Sünden und allem Übel, dass dir all mein Tun und Leben gefalle. Denn ich befehle mich, meinen Leib und Seele und alles in deine Hände. Dein heiliger Engel sei mit mir, dass der böse Feind keine Macht an mir finde.

*Danke, Herr, dass du mich durch den
Tag begleitest*

Sollt ich meinem Gott nicht singen?
Sollt ich ihm nicht dankbar sein?
Denn ich seh in allen Dingen,
Wie so gut er's mit mir mein'.
Ist doch nichts als lauter Lieben,
Das sein treues Herze regt,
Das ohn Ende hebt und trägt,
Die in seinem Dienst sich üben.
Alles Ding währt seine Zeit,
Gottes Lieb in Ewigkeit.

Paul Gerhardt

In deinen Händen sind meine Zeiten, mein ganzes Leben, alle Tage, Stunden und Augenblicke.

Martin Luther

Wer sich heute freuen kann, der soll nicht warten bis morgen.

Johann Heinrich Pestalozzi

Ein Weiser wurde gefragt, welches die wichtigste Stunde sei, die der Mensch erlebt, welches der bedeutendste Mensch, der ihm begegnet, und welches das notwendigste Werk sei.

Die Antwort lautete: Die wichtigste Stunde ist immer die Gegenwart, der bedeutendste Mensch immer der, der dir gerade gegenübersteht, und das wichtigste Werk ist immer die Liebe.

Meister Eckehart

Herr, ich danke dir dafür, dass ich wunderbar gemacht bin; wunderbar sind deine Werke; das erkennt meine Seele.

Psalm 139,14

Wir sind Ton, du, Herr, bist unser Töpfer, und wir alle sind deiner Hände Werk.

Jesaja 64,7

Nun lasst uns Gott dem Herren
Dank sagen und ihn ehren
Für alle seine Gaben,
Die wir empfangen haben.

Den Leib, die Seel, das Leben
Hat er allein uns geben;
Dieselben zu bewahren,
Tut er nie etwas sparen.

Ludwig Helmbold

*I*ch freue mich des Lebens, weil noch das Lämpchen glüht, suche keine Dornen, hasche die kleinen Freuden; sind die Türen niedrig, so bücke ich mich, kann ich den Stein aus dem Weg tun, so tue ich's, ist er zu schwer, so gehe ich um ihn herum, und so finde ich alle Tage etwas, das mich freut. Und der Schlussstein, der Glaube an Gott, der macht mein Herz froh und mein Angesicht fröhlich.

Katharina Elisabeth Goethe

$\mathcal{D}$er Gott der Hoffnung erfülle euch mit aller Freude und Frieden im Glauben, dass ihr immer reicher werdet an Hoffnung durch die Kraft des Heiligen Geistes.

Römer 15,13

Gott gebe mir nur jeden Tag,
So viel ich darf zum Leben.
Er gibt's dem Sperling auf dem Dach;
Wie sollt' er's mir nicht geben!

Matthias Claudius

$\mathcal{D}$u hast uns auf dich hin geschaffen, o Herr, und unser Herz ist ruhelos, bis es Ruhe findet in dir.

Augustinus

$\mathcal{G}$ib uns deinen Frieden, Herr, an dem Tag, der keinen Abend kennt.

Augustinus

Herr, ich werfe meine Freude wie Vögel an den Himmel. Ein neuer Tag, der glitzert und knistert, knallt und jubiliert von deiner Liebe. Jeden Tag machst du.

Aus Westafrika

Danke, Herr, du bist bei mir
... am Abend

Bis hierher hat mich Gott
   gebracht
Durch seine große Güte,
Bis hierher hat er Tag und Nacht
Bewahrt Herz und Gemüte,
Bis hierher hat er mich geleit',
Bis hierher hat er mich erfreut,
Bis hierher mir geholfen.

Ämilie Juliane von Schwarzburg-Rudolstadt

Man kann nicht jeden Tag etwas Großes tun, aber gewiss immer etwas Gutes.

Sprichwort

Freude wird jedesmal dein Abendbrot sein, wenn du den Tag nützlich zugebracht hast.

Thomas von Kempen

Ganz ruhig kann ich mich schlafen legen, weil du mich beschützt, bis ich morgens erwache.

Psalm 3,6 (GN)

Immer wieder muss ich es mir sagen: Vertrau auf Gott, dann findest du Ruhe! Er allein gibt mir Hoffnung.

Psalm 62,6 (GN)

Müde bin ich, geh zur Ruh,
Schließe meine Augen zu.
Vater, lass die Augen dein
Über meinem Bette sein.

Alle, die mir sind verwandt,
Gott, lass ruhn in deiner Hand;
Alle Menschen groß und klein
Sollen dir befohlen sein.

Luise Hensel

*D*er Herr segne dich und behüte
dich.
Der Herr lasse sein Angesicht leuchten über dir und sei dir gnädig.
Der Herr hebe sein Angesicht über dich und gebe dir Frieden.

4. Mose 6,24–26

Unser wahrer Friede ist der Friede mit Gott.

Augustinus

Die Unruhe des Herzens kann nur durch die Stille zu Gott überwältigt werden.

Hermann Bezzel

Sei unser Schutz in dieser Nacht,
Herr Jesus Christ, halt' du die Wacht,
schirm' unser Haus und Leben!
Wir bergen uns in deiner Hut
Und was du uns an Hab und Gut
In deiner Gnad' gegeben!

Käte Walter

*L*ass deine Augen offen stehen über diesem Hause Nacht und Tag.

1. Könige 8,29

*D*ein, Herr, ist der Tag, und dein ist die Nacht; du hast Gestirn und Sonne die Bahn gegeben.

Psalm 74,16

Mein sind die Jahre nicht,
Die mir die Zeit genommen;
Mein sind die Jahre nicht,
Die etwa möchten kommen;
Der Augenblick ist mein
Und nehm ich den in Acht,
So ist der mein,
Der Jahr und Ewigkeit gemacht.

Andreas Gryphius

Herr, von dir sich abwenden, heißt fallen. Zur dir sich hinwenden, heißt aufstehen. In dir bleiben, heißt sicheren Bestand haben. Herr, dich verlassen, heißt sterben. Zu dir heimkehren, heißt zum Leben erwachen. In dir bleiben, heißt leben.

Aurelius Augustinus

Danke, Herr, dass du bisher mich
bewahrt und geleitet hast

Hab Lob und Ehr, hab Preis
   und Dank
Für die bisher'ge Treue,
Die du, o Gott, mir lebenslang
Bewiesen täglich neue.
In mein Gedächtnis schreib ich an:
Der Herr hat Großes mir getan,
Bis hierher mir geholfen.

Ämilie Juliane von Schwarzburg-Rudolstadt

Verstehen kann man das Leben nur rückwärts, leben muss man es vorwärts.

Sören Kierkegaard

Christus steht nicht hinter uns als Vergangenheit, sondern vor uns als unsere Hoffnung.

Friedrich von Bodelschwingh

$\mathcal{G}$ott ist mein Hirte gewesen mein Leben lang bis auf diesen Tag.

1. Mose 48,15

$\mathcal{I}$ch hatte deine Güte immer vor Augen, im Wissen um deine Treue habe ich mein Leben geführt.

Psalm 26,3 (GN)

Wenn ich schlafe, wacht sein
   Sorgen
Und ermuntert mein Gemüt,
Dass ich alle liebe Morgen
Schaue neue Lieb und Güt.
Wäre mein Gott nicht gewesen,
Hätte mich sein Angesicht
Nicht geleitet, wär ich nicht
Aus so mancher Angst genesen.
Alles Ding währt seine Zeit,
Gottes Lieb in Ewigkeit.

Paul Gerhardt

*I*ch danke dir, mein Schöpfer und Herr, für die Freude, die du mir an deiner Schöpfung geschenkt hast.

Johannes Kepler

*D*a wird es hell in einem Menschenherzen, wo man für das Kleinste danken lernt.

Friedrich von Bodelschwingh

Herr, mein Gott! Du hast so viel für uns getan; niemand ist wie du! Deine Pläne, deine wunderbaren Taten – wenn ich sie alle aufzählen wollte, ich käme nie an ein Ende!

Psalm 40,6

Ich singe dir mit Herz und Mund,
Herr, meines Herzens Lust;
Ich sing und mach auf Erden kund,
Was mir von dir bewusst.

Wohlauf, mein Herze, sing und
   spring
Und habe guten Mut!
Dein Gott, der Ursprung aller Ding,
Ist selbst und bleibt dein Gut.

Hat er dich nicht von Jugend auf
Versorget und ernährt?
Wie manches schweren Unglücks
    Lauf
Hat er zurückgekehrt!

Er hat noch niemals was versehn
In seinem Regiment,
Nein, was er tut und lässt geschehn,
Das nimmt ein gutes End.

Paul Gerhardt

Du bist meine Zuversicht, Herr, mein Gott, meine Hoffnung von meiner Jugend an. Verwirf mich nicht in meinem Alter, verlass mich nicht, wenn ich schwach werde.

Psalm 71,5.9

Hat mich der Herr gestern ge-
liebt, so liebt er mich heute wieder.

Charles Haddon Spurgeon

Fang den Tag nicht mit den Scher-
ben von gestern an.

Unbekannt

*L*obe den Herren,
Der alles so herrlich regieret,
Der dich auf Adelers Fittichen
Sicher geführet,
Der dich erhält,
Wie es dir selber gefällt;
Hast du nicht dieses verspüret?

*L*obe den Herren,
Der deinen Stand sichtbar gesegnet,
Der aus dem Himmel
Mit Strömen der Liebe geregnet.
Denke daran,
Was der Allmächtige kann,
Der dir mit Liebe begegnet.

Joachim Neander

Danke, Herr, dass du auch morgen b
mir bist

Wir bitten deine Güte,
Wollst uns hinfort behüten,
Uns Große mit den Kleinen;
Du kannst's nicht böse meinen.

Erhalt uns in der Wahrheit,
Gib ewigliche Freiheit,
Zu preisen deinen Namen
Durch Jesus Christus. Amen.

Ludwig Helmbold

Ich, Herr, hoffe auf dich und spreche: Du bist mein Gott! Meine Zeit steht in deinen Händen.

Psalm 31,15.16

Sagt Dank Gott, dem Vater, allezeit für alles.

Epheser 5,20

$\mathcal{S}$orge nicht um das, was kommen wird. Weine nicht um das, was vergeht. Aber sorge, dich nicht selbst zu verlieren, und weine, wenn du dahintreibst im Strom der Zeit, ohne den Himmel in dir zu tragen.

Friedrich Schleiermacher

$\mathcal{L}$ob, Preis und Dank, o Herr, se
In alle Ewigkeiten,
Für dein Bewahren für und für,
Dein Führen und dein Leiten!
Für alle deine Wundermacht
Sei ewiglich dir Dank gebracht!

Käte Walter

*J*esus spricht: Sorgt nicht für morgen, denn der morgige Tag wird für das Seine sorgen. Es ist genug, dass jeder Tag seine eigene Plage hat.

Matthäus 6,34

Wie also suche ich dich, o Herr? Wenn ich dich suche, meinen Gott, such' ich das selige Leben. Ja, ich will dich suchen, dass meine Seele lebe. Denn es lebt mein Leib von meiner Seele und meine Seele lebt von dir.

Aurelius Augustinus

Ich bitte nicht um Glück der Erden,
Nur um ein Leuchten nun und dann:
Dass sichtbar deine Hände werden,
Ich deine Liebe ahnen kann;
Nur in des Lebens Kümmernissen
Um der Ergebung Gnadengruß
Dann wirst du schon am besten
   wissen,
Wieviel ich tragen kann und muss.

Annette von Droste-Hülshoff

Mag der Morgen bringen, was er will, unser Gott ist ein Gott auch des morgigen Tages.

Charles Haddon Spurgeon

Derjenige reist unbeschwert, den die Gnade Gottes trägt.

Thomas von Kempen

Siehe, Gott ist mein Heil, ich bin sicher und fürchte mich nicht; denn Gott der Herr ist meine Stärke und mein Psalm und ist mein Heil.

Jesaja 12,2

Ich will dich all mein Leben lang,
O Gott, von nun an ehren,
Man soll, Gott, deinen Lobgesang
An allen Orten hören.
Mein ganzes Herz ermuntre sich,
Mein Geist und Leib erfreue dich!
Gebt unserm Gott die Ehre!

Johann Jakob Schütz

*I*ch bin berufen, etwas zu tun oder zu sein, wofür kein anderer berufen ist; ich habe einen Platz in Gottes Ratschluss, auf Gottes Erde, den kein anderer hat. Ob ich reich oder arm bin, verachtet oder geehrt bei den Menschen – Gott kennt mich und ruft mich bei meinem Namen.

John Henry Newman

Was der Herr selbst sich vornimmt, das führt er auch aus; sein Plan steht für alle Zeiten fest.

Psalm 33,11 (GN)

Das Menschenherz macht Pläne – ob sie ausgeführt werden, liegt bei Gott.

Sprüche 16,9 (GN)

Glaube ist eine lebendige, verwe-
gene Zuversicht auf Gottes Gnade.

Martin Luther

Was wir wirklich brauchen, ist nur
eins: dass wir uns ganz in Gottes
Hände geben und nur für ihn leben.

Charles de Foucauld

$\mathcal{D}$ir dank ich heute für mein
   Leben.
Am Tage, da du's mir gegeben,
Dank ich dir, Gott, dafür.
Durch freie Gnad allein bewogen,
Hast du mich aus dem Nichts
   gezogen.
Durch deine Güte bin ich hier.

Soll ich, o Gott, noch länger leben,
So wirst du, das mir gut ist, geben.
Du gibst's, ich hoff auf dich.
Dir, Gott, befehl ich Leib und Seele.
Der Herr, dem ich sie anbefehle,
Der segne und behüte mich.

Christian Fürchtegott Gellert

Fürchte dich nicht, denn ich bin mit dir und will dich segnen, spricht der Herr.

1. Mose 26,24

Jesus spricht: Siehe, ich bin bei euch alle Tage bis an der Welt Ende.

Matthäus 28,20

Verleihe mir, allmächtiger Gott, dass ich alles, was dein Wille ist über meinem Leben, umsichtig erforsche, wahrhaftig erkenne und vollkommen erfülle. Ordne mein Leben so, wie es dir zur Ehre und mir zum Heil sein kann. Lass meinen Weg gerade und sicher zum Ziel kommen.

Thomas von Aquin

*In dieser Reihe
sind bisher erschienen:*

Goldene Worte zum Geburtstag
Bestell-Nr. 03501
ISBN 3-501-04501-2

Goldene Worte zur Hochzeit
Bestell-Nr. 03502
ISBN 3-501-04502-0